Uma Fonte

Para meu urso Oliver, com muito amor – RS
Para Ray, com amor – RW

Agradecimentos

Agradeço de coração a todas as pessoas que tornaram este livro possível. Minha mais profunda gratidão a Valerie Wyatt, por suas sugestões maravilhosas, orientação e apoio inesgotáveis. Meu muito obrigada, também, a Marie Bartholomew, por criar uma visão tão inspiradora, e a Rosemary Woods, por dar vida ao livro.

E agradecimentos especiais a Valerie Hussey, por permitir, pacientemente, que eu navegasse pelo conteúdo até encontrar a história. Também quero agradecer a Melissa Clark, Rosanne Metz e toda a minha família, por ler zelosamente os rascunhos e ouvir todos os meus contos aquosos.

Mais uma vez, preciso elogiar minha incrível equipe de revisores técnicos e educacionais: Joanne DiCosimo, Mark Graham e Paul Hamilton, do Canadian Museum of Nature; Charles Hopkins, catedrático da Unesco na Universidade de York, em Toronto, Canadá; e Susan Gesner, da Gesner and Associates Environmental Learning. Obrigada por compartilharem sua sabedoria.

Também agradeço ao Ontario Arts Council, pelo apoio financeiro.

Para finalizar, dois eventos importantíssimos aconteceram enquanto eu escrevia este livro. O tsunami asiático e o furacão Katrina serão, para sempre, lembranças do poder da água. Meus pensamentos estão com aqueles cuja vida foi afetada por esses desastres.

Edição revisada conforme o Acordo Ortográfico da Língua Portuguesa.

Título original em inglês:
One Well: the Story of Water on Earth
Publicado originalmente por Kids Can Press Ltd.
Texto © 2007 Rochelle Strauss
Ilustrações © 2007 Rosemary Woods

Tradução: Antonio Carlos Vilela
Diagramação: Eduardo Bordallo
Consultoria técnica: Renato Horácio Pinto

Todos os direitos de publicação reservados à Editora Melhoramentos Ltda.

2ª edição, 21ª impressão, novembro de 2016
ISBN: 978-85-06-05364-5

Atendimento ao consumidor:
Caixa Postal 729 – CEP 01031-970
São Paulo – SP – Brasil
Tel.: (11) 3874-0880
www.editoramelhoramentos.com.br
sac@melhoramentos.com.br

Impresso no Brasil

Editora Melhoramentos

Strauss, Rochelle

Uma fonte: a história da água na Terra / Rochelle Strauss; ilustrações de Rosemary Woods. [tradução de Antonio Carlos Vilela] – São Paulo: Editora Melhoramentos, 2008.

Edição revisada conforme o Acordo Ortográfico da Língua Portuguesa.

Título original: One Well: the story of water on Earth
ISBN 978-85-06-05364-5

1. Ecologia. 2. Meio ambiente. 3. Preservação ambiental. I. Woods, Rosemary. II. Vilela, Antonio Carlos. III. Título.

CDD 574.5

Índices para catálogo sistemático:
1. Meio ambiente – Preservação 574.5
2. Água – Recursos naturais – Geomorfologia 551.46
3. Ecologia 574.5
4. Literatura infantojuvenil

Uma Fonte

A História da Água na Terra

ESCRITO POR **Rochelle Strauss**
ILUSTRADO POR **Rosemary Woods**

Editora Melhoramentos

Uma Fonte

Imagine, por um instante, que toda a água da Terra venha de uma Única Fonte. Isso não é tão estranho como pode parecer. Toda a água da Terra está interligada. Portanto, só existe uma fonte – uma Única Fonte global – da qual tiramos nossa água. Cada onda do mar, cada lago, riacho e rio subterrâneo, cada gota de chuva e floco de neve, as geleiras e até as calotas polares fazem parte dessa Única Fonte global.

Assim, esteja você abrindo uma torneira no Brasil, puxando água de um poço no Quênia ou banhando-se em um rio na Índia, a água é sempre a mesma. E como tudo está interligado, a forma como tratarmos a água dessa Fonte afetará todos os seres vivos do planeta, incluindo o homem, hoje e no futuro.

A quantidade de água na Terra provavelmente permanece a mesma há bilhões de anos.

Você precisa de água, assim como todos os outros organismos vivos – todas as pessoas, plantas e animais. Sem água em estado líquido, nada consegue sobreviver.

A Terra é o único planeta conhecido pelo homem que possui água em estado líquido e que pode abrigar formas de vida tal como conhecemos. As pesquisas avançam a cada dia, e já está comprovada a existência de água em Marte.

A Água da Fonte

Nós vivemos em um planeta cheio de água. Quase 70% da superfície da Terra é coberta por água, na forma de oceanos, lagos, rios, riachos, pântanos e até mesmo de poças e do orvalho da manhã. É tanta água que, se você olhar a Terra do espaço, ela parecerá azul.

Mas também existe a água que não conseguimos ver, a que está abaixo da superfície da Terra. Essa "água subterrânea" – que forma os chamados "lençóis freáticos" – pode ser encontrada em praticamente toda parte. Ela preenche as fendas das rochas e ocupa os espaços entre grãos de areia e de terra. A maior parte da água subterrânea está próxima à superfície da Terra, mas parte dela está em lugares profundos. Também há água congelada nas geleiras e nas calotas polares. E em suspensão como vapor na atmosfera.

Cada uma dessas matrizes abastece a Única Fonte da Terra.

ONDE ESTÁ A ÁGUA DA TERRA?	
Oceanos	97,23%
Calotas polares e geleiras	2,14%
Água subterrânea	0,61%
Lagos de água doce	0,009%
Mares internos de água salobra	0,008%
Umidade do solo	0,005%
Água na atmosfera	0,001%
Rios	0,0001%

Isso mesmo: existe mais água na atmosfera e misturada no solo do que em todos os rios da Terra.

O maior aquífero conhecido do planeta encontra-se na Amazônia brasileira, sob os estados do Amazonas, Pará e Amapá. Chamado de Aquífero Alter do Chão, tem seu volume estimado em 86.400 km³ de água, numa área em torno de 437,5 mil km², com profundidades que variam entre 50 e 430 metros. Ele supera em mais que o dobro a quantidade de água do segundo colocado, o Aquífero Guarani, que tem estimados 40 mil km³ de água, numa área de 1,2 milhão de km².

Reciclando a Água da Fonte

A água que você bebeu hoje pode ter caído em forma de chuva na floresta Amazônica há cinco anos. Há 100 anos, ela pode ter escapado de uma chaleira na Índia, na forma de vapor. Há 10 mil anos, ela podia estar em um rio subterrâneo. Talvez ela estivesse congelada em uma geleira há 100 mil anos. E ela pode ter saciado a sede de um dinossauro há 100 milhões de anos.

A quantidade de água na Terra não muda – não existe mais água hoje do que quando os dinossauros caminhavam sobre o planeta. A mesma água repete seu ciclo sem parar. Esse é o chamado "ciclo da água".

A água evapora de oceanos, lagos, rios, reservatórios, poças e até mesmo de plantas e animais. E sobe para o ar na forma de vapor.

Conforme o vapor se eleva, ele se resfria, formando minúsculas gotas de água. Esse processo é chamado de condensação. Essas gotículas formam nuvens. Aos poucos, as nuvens vão reunindo mais e mais gotículas de água. Uma nuvem branca pesa, mais ou menos, o dobro do peso de uma baleia-azul.

Quando as gotas de água ficam muito pesadas, elas caem das nuvens na forma de chuva, granizo ou neve. Essa precipitação retorna aos oceanos, lagos e rios. Ela também penetra no solo e chega aos lençóis freáticos. Ano após ano, a água circula continuamente nesse ciclo.

O Ciclo da Água

Em um ano, uma área de floresta tropical do tamanho de um campo de futebol bombeia mais de 75 mil litros de vapor de água na atmosfera – mais do que o suficiente para encher uma piscina residencial.

É preciso cerca de 1 milhão de gotículas de vapor de água para formar uma única gota de chuva.

Por que os oceanos são salgados? Os rios correm para o mar, recolhendo sal das pedras e do solo e levando-o para os oceanos. Conforme a água dos oceanos evapora, o sal se acumula.

Quanta sede tem uma árvore? Em um dia de verão, uma bétula média pode retirar do solo cerca de 300 litros de água. É água suficiente para encher duas banheiras grandes.

Muitas plantas dependem de água para espalhar suas sementes. Um coco (semente de uma palmeira) pode passar semanas, meses e até anos à deriva no mar antes de chegar a uma praia e germinar.

As plantas que comemos são compostas basicamente de água. Cerca de 95% de um tomate é constituído de água. Nas maçãs, a água corresponde a 85% da fruta. As sementes estão entre os alimentos mais secos – apenas de 5% a 10% delas são constituídos de água.

Plantas e a Fonte

As primeiras plantas da Terra viviam na água. Há cerca de 450 milhões de anos, algumas foram levadas a terra firme. No começo, elas só podiam viver em áreas molhadas. Aos poucos, as plantas desenvolveram sistemas de raízes que lhes permitiram alcançar a água dentro do solo.

A água é essencial às plantas. Na verdade, as plantas são feitas basicamente dessa substância. É a água que elas contêm em suas células que lhes dá forma – sem água, elas murcham e morrem.

A água também ajuda as plantas a preparar o próprio alimento. As plantas usam a energia do Sol para transformar água e dióxido de carbono em açúcares simples, que utilizam como alimento. Tal processo é chamado de fotossíntese. A água ainda ajuda no transporte do alimento através da planta. Durante a fotossíntese, as plantas liberam vapor de água no ar. As raízes absorvem água, que é transportada até o caule, que, por sua vez, funciona como o encanamento da sua casa, levando a água através da planta até as folhas, de onde é liberada novamente na atmosfera como vapor de água. Isso é chamado de transpiração. A água transpirada faz parte do ciclo da água na Terra.

A água é importante para as plantas, que também são importantes para a água. As raízes das plantas formam uma rede no solo, impedindo-o de ser arrastado para lagos e rios. Folhas e galhos detêm a água da chuva, criando condições para que ela penetre lentamente no solo. E as árvores fornecem sombra, que ajuda a manter a umidade do solo. As plantas dependem da água da Fonte para sobreviver, e a Fonte depende das plantas para transportar a água em seu ciclo. Sem as plantas, o ciclo da água ficaria prejudicado. Sem a água, as plantas não sobreviveriam.

Animais e a Fonte

Assim como as plantas, os animais (incluindo você) são constituídos principalmente de água. A água presente nos animais é muito importante. Ela carrega nutrientes, ajuda na digestão, elimina resíduos, controla a temperatura, limpa os olhos e lubrifica as articulações.

Habitats aquáticos abrigam muitos dos espécimes da Terra, e neles diferentes animais encontram alimento. Espécies que vivem na água, como peixes, caranguejos, camarões e zooplânctons, são partes importantes da cadeia alimentar em todo o mundo. A cadeia alimentar é a relação entre os organismos de um ecossistema e baseia-se em quem come o quê. Sem espécies aquáticas, as cadeias e as redes (coleções de cadeias) alimentares não se sustentariam. Os animais morreriam de fome.

Os animais não só precisam da água para sobreviver como fazem parte do ciclo da água. Animais lançam água na atmosfera ao respirar, suar, urinar e até mesmo babar. A água com que você escova os dentes hoje pode ter sido o borrifo de uma baleia-branca dez anos atrás.

Um dos animais mais "molhados" da Terra é a água-viva. Ela é constituída por 95% de água. Sapos e minhocas são constituídos por 80% de água, enquanto cachorros, elefantes e humanos são constituídos por 70% de água, aproximadamente.

Todos os animais precisam de água para beber, até mesmo animais que vivem no deserto. Grande parte da água de que precisam vem do alimento que comem.

A vida animal começou no oceano. Então, há cerca de 360 milhões de anos, alguns animais começaram a evoluir. Sua forma física começou a mudar e, lentamente, eles se adaptaram à vida em terra firme.

Pântanos de água salgada são formados onde o rio e a terra encontram o mar. No Brasil, eles são chamados de manguezais. Esses habitats abrigam uma grande diversidade de espécies, de bactérias microscópicas a fungos, algas, peixes, crustáceos, répteis, pássaros e mamíferos.

Nas florestas tropicais, alguns insetos, larvas, rãs, aranhas e bactérias passam a vida inteira dentro de pequenas poças d'água represadas por folhas de bromélia.

Habitats Aquáticos

Como alguns peixes conseguem viver em lagos congelados? A água congela de cima para baixo, e raramente um lago congela por inteiro. O gelo na superfície funciona como um cobertor, impedindo o congelamento da água que está por baixo.

Habitat é o lugar em que um animal encontra tudo de que precisa para viver – comida, abrigo, espaço e água. Se não existir água em quantidade suficiente em um habitat, o animal se mudará, mesmo que suas outras necessidades sejam atendidas.

Muitos animais precisam de habitats aquáticos, como oceanos, lagos e pântanos, para sobreviver. Habitats de água doce (lagos, rios, córregos) servem de lar para cerca de 12% de todas as espécies animais do mundo. Já os habitats de água salgada abrigam 60% das espécies de peixes, bem como muitas outras espécies, como mamíferos e répteis (baleias, tartarugas e serpentes marinhas, por exemplo).

Alguns desses animais passam a vida toda na água e não sobreviveriam fora dela. Outros, como os sapos, as rãs e muitos insetos, passam parte da vida na água e parte em terra. Seja a água seu habitat ou apenas parte dele, os animais não conseguem sobreviver sem ela.

Recifes de coral são encontrados nas águas quentes e rasas dos oceanos. Eles já foram descritos como as florestas tropicais dos mares, porque abrigam uma incrível diversidade de espécies.

Pessoas e a Fonte

Desde o início dos tempos, as pessoas dependem da água – para beber, fazer comida, tomar banho, irrigar plantações. A água sempre serviu de caminho para o transporte de produtos e pessoas de um lugar para outro. Conforme cidades e sociedades crescem, também aumentam suas necessidades de água.

Hoje, a água é essencial em nossas casas, na indústria e na agricultura. Em casa, a usamos para lavar, cozinhar, beber, dar descarga nos sanitários e tomar banho. Mas as residências consomem apenas 10% de toda a água doce utilizada no mundo.

Cerca de 21% da água que utilizamos se destina à fabricação de tudo: de computadores a carros. A água é empregada em usinas hidroelétricas na geração de eletricidade e nas refinarias de petróleo para a obtenção de gás.

Nas fábricas, a água é usada para esquentar ou esfriar máquinas e ferramentas e lavar refugos. O vapor de água faz motores funcionar. A água também é ingrediente de muitos produtos, como loções, xampus, substâncias químicas e bebidas.

Os 69% restantes da água doce que usamos vai para a agricultura. As fazendas usam quantidades enormes de água para a criação de animais e a irrigação de plantações.

Olhe em redor – praticamente tudo o que você vê foi feito usando água. Foram necessários cerca de 130 litros para produzir sua bicicleta. Foi usada água para cultivar e preparar o alimento que você come e as roupas que usa. Ela foi usada até mesmo na produção do papel deste livro e da tinta empregada na impressão das palavras.

São necessários cerca de 185 litros de água para produzir um único copo de leite. Essa conta inclui a água que a vaca bebe, a água usada para cultivar alimento para a vaca e a água necessária para o processamento do leite.

Cerca de 147 mil litros de água são necessários para fabricar um único carro.

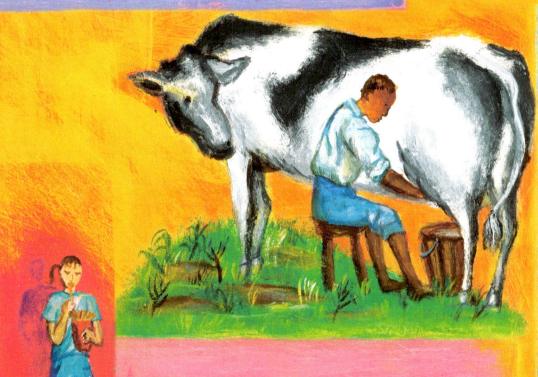

Nos banheiros são utilizados cerca de 75% da água consumida numa casa. Uma descarga de vaso sanitário, por exemplo, consome aproximadamente 13 litros.

Muita água é usada para produzir a comida que você ingere. Aproximadamente 5.200 litros são utilizados para produzir um só lanche (hambúrguer, batatas fritas e refrigerante).

Cerca de 1 bilhão de pessoas em todo o mundo têm a carne de peixe como sua fonte primária de proteína.

Está com sede? As pessoas bebem, em média, 2,5 litros de água por dia. Durante toda a sua vida, você beberá o equivalente a uma piscina residencial cheia de água.

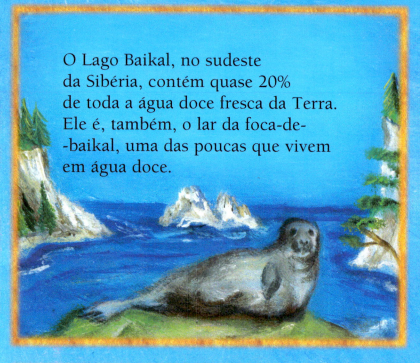

O Lago Baikal, no sudeste da Sibéria, contém quase 20% de toda a água doce fresca da Terra. Ele é, também, o lar da foca-de-baikal, uma das poucas que vivem em água doce.

Aproximadamente 0,001% de toda água da Terra fica na atmosfera. Se um caminhão-pipa representasse toda a água da Terra, a água presente na atmosfera mal chegaria a um terço de uma lata de refrigerante.

A Geleira de Bering, no Alasca, é a maior da América do Norte. Ela tem cerca de cinco vezes o tamanho da cidade de Nova York e o dobro da altura do edifício Empire State.

Em todo o mundo, mais da metade da água usada para beber vem de aquíferos subterrâneos – camadas de pedregulhos e rochas porosas que armazenam grandes quantidades de água.

Água Doce e a Fonte

A maior parte da água na Terra é salgada – quase 97%. Apenas 3% da água do planeta é doce. Se um caminhão-pipa cheio de água representasse toda a água da Terra, então a água usada para encher uma banheira grande representaria toda a água doce do planeta.

Mas a maior parte dessa água doce – mais de 99% – está congelada nas calotas polares e geleiras, aprisionada em camadas profundas do subsolo ou na atmosfera. Assim, não sobra muito para nós usarmos. Então, de quanta água doce nós dispomos realmente? Lembra daquela banheira? Imagine encher nove latas de refrigerante com água tirada dela. Isso é tudo o que temos para usar.

Embora haja muita água em nosso planeta, temos acesso a menos de 1% dela.

Acesso à Fonte

    Algumas famílias têm sorte. Elas simplesmente abrem a torneira para beber água, encher a banheira, lavar o carro ou regar o jardim. Mas outras famílias ao redor do mundo são menos afortunadas. Um bilhão de pessoas, ou cerca de 16% da população da Terra, precisam andar mais de quinze minutos para chegar à fonte de água mais próxima. Lá, essas pessoas pegam água para passar o dia – uns poucos baldes, apenas o necessário para beber, cozinhar e lavar louças e roupas. Outras famílias não têm acesso a água suficiente nem para essas necessidades mais básicas.

    Embora a quantidade de água na Terra permaneça a mesma, sua distribuição pelo mundo é desigual. Enormes diferenças nos padrões de chuva podem ocorrer entre os países e até dentro do mesmo país. Menos chuva significa menos água disponível em lagos, rios e aquíferos. Às vezes, não há água suficiente justamente onde ela é mais necessária.

Um balde com água pesa cerca de 10 quilos. Imagine se você tivesse de carregar um ou dois baldes de um poço até sua casa todos os dias!

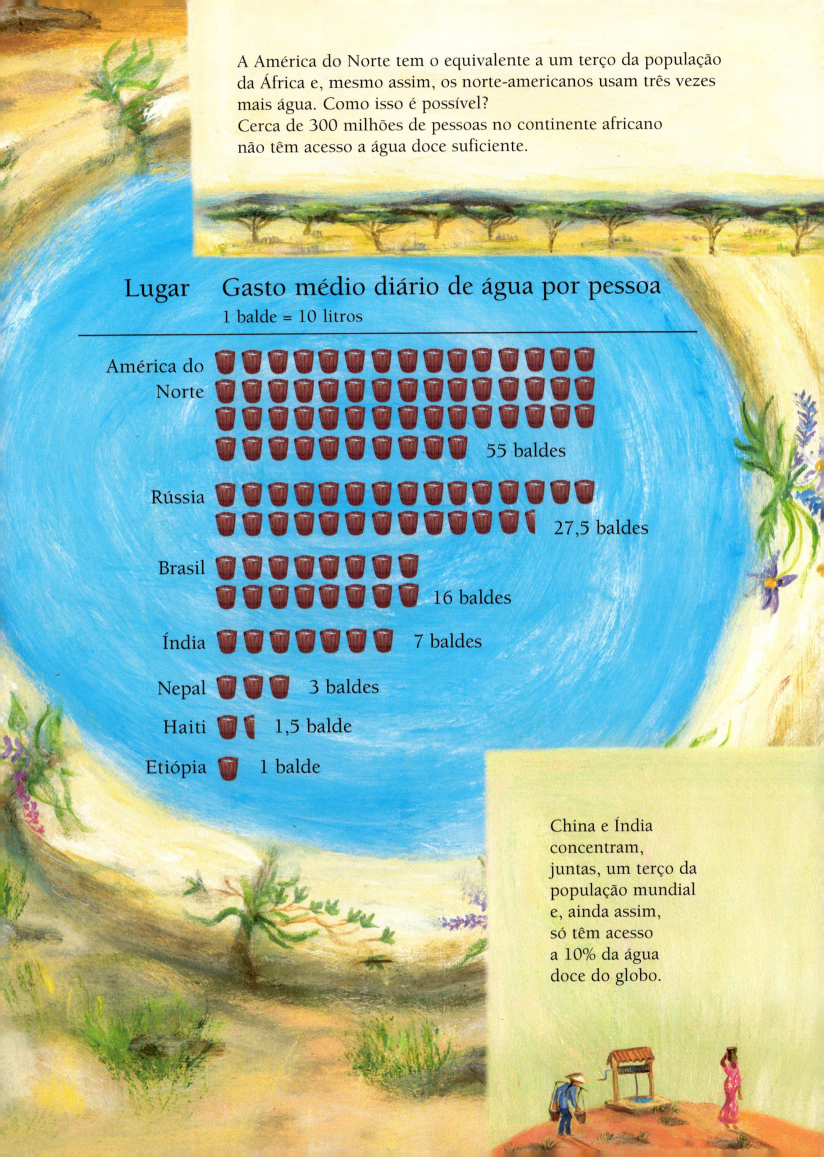

Estamos sempre precisando de mais água para as plantações e criações de animais, a fim de alimentar a crescente população da Terra.

Muitos estudiosos preveem que, em 2025, um em cada quatro habitantes da Terra estará vivendo num país com pouca água. Em 2050 poderão existir 4 bilhões de pessoas sem água limpa suficiente para as necessidades básicas.

A cada dia, todas as criações de animais do mundo (gado bovino, ovelhas, porcos, frangos etc.) consomem o equivalente a mais de 160 mil caminhões-pipa cheios de água.

A Demanda de Água

7,4 bilhões*... pouco mais, pouco menos. Este é o número de pessoas que vivem na Terra, e ele cresce todos os dias. Mais gente significa uma demanda maior de água. Mas a população que cresce sem parar não é a única coisa que pressiona nossas reservas de água. Em média, uma pessoa usa hoje cerca de seis vezes mais água do que usava 100 anos atrás.

Uma população crescente precisa de mais espaço. Conforme as cidades crescem para acomodar todas essas pessoas, elas demandam mais terra, o que também afeta os reservatórios de água. Casas, edifícios e ruas podem ocupar o espaço de habitats pantanosos, onde diversas espécies vivem, colocando-as em risco. As construções também alteram a forma com que a água da chuva, dos lagos e dos córregos fluem. E a pavimentação das ruas impede que a chuva reabasteça os depósitos de água subterrâneos.

O número de pessoas aumentou, e nossa demanda de água em casa, na indústria e na agricultura cresceu tremendamente. Mas a quantidade de água não mudou. Não existe mais água hoje do que havia há 100, mil ou mesmo 10 mil anos. E a quantidade de água continuará a mesma daqui a 100 anos, quando a população mundial poderá estar próxima de 10 bilhões.

Precisamos encontrar o equilíbrio entre a nossa necessidade de água e a quantidade de que dispomos.

*Consulte: *countrymeters.info/pt.*

Embora as represas aumentem o volume de água disponível, elas também mudam o curso de rios e destroem habitats.

A Poluição da Fonte

A água dissolve mais coisas do que qualquer outro líquido. Assim, na natureza, a água nunca está realmente pura. Sempre existe alguma coisa dissolvida nela.

O ciclo da água ajuda a mantê-la limpa. Quando ela evapora, substâncias químicas, minerais e sujeiras são deixados para trás. O vapor de água que se eleva na atmosfera é relativamente limpo. Ao voltar para a Terra na forma de chuva, parte da água fica ainda mais limpa, quando é filtrada por rochas e areia.

Até mesmo as plantas têm uma função. Elas removem substâncias químicas da água e transpiram água limpa de volta para o ar.

Cada vez mais resíduos de indústrias, das casas e da agricultura vão parar na água. A sujeira de quintais, ruas, fazendas etc. carrega poluentes e substâncias como pesticidas, fertilizantes e detergentes para lagos, rios, córregos e represas.

A poluição de carros e fábricas, suspensa na atmosfera, mistura-se ao vapor de água no ar. A chuva, então, polui a água superficial e a subterrânea. Nossas ações podem, portanto, estar sobrecarregando a capacidade natural da água de se limpar.

Quanto mais água fica poluída, menos água limpa torna-se disponível. Cerca de 80% de todas as doenças no mundo são causadas por água contaminada. E os animais selvagens também sofrem com isso. A poluição da água prejudica muitos habitats e a saúde de diversas espécies em todo o planeta.

Como a água tem a capacidade de se autolimpar, os efeitos da poluição podem ser contidos e até revertidos. Mas, para isso, precisamos reduzir a quantidade de poluição que chega até ela.

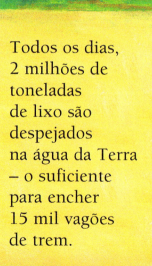

Todos os dias, 2 milhões de toneladas de lixo são despejados na água da Terra – o suficiente para encher 15 mil vagões de trem.

Os pântanos atuam como estações de tratamento de água da natureza – eles absorvem substâncias químicas e filtram poluição e lixo.

Quando a poluição do ar se mistura com a chuva, esta pode se transformar em chuva ácida – e até mesmo em neve ácida. A precipitação ácida pode cair a milhares de quilômetros da origem da poluição, alcançando áreas remotas, como o Ártico.

Para Salvar a Água da Fonte

A água tem o poder de mudar tudo. Uma porção pequena pode fazer uma semente germinar, matar a sede, servir de habitat, gerar energia e manter a vida. A água também tem o poder de unir – ou dividir – o mundo. Água é um dos itens mais básicos para a vida na Terra.

Mas a Única Fonte da Terra está com problemas. Simplesmente não existe água limpa suficiente para todos.

Tomar atitudes que conservem a água pode ajudar a salvar a Fonte. Conservar a água significa proteger tanto a quantidade quanto a qualidade da água na Terra. Usar menos água, por exemplo, ajuda a evitar que as fontes de água sequem. E reduzir a poluição da água protege a saúde da Fonte. A conservação pode ajudar a garantir que exista água limpa suficiente para todos no planeta.

Tornando-se mais consciente no uso da água – e usando menos água –, você também pode proteger a Única Fonte da Terra. Lembre-se: cada gota é importante!

Tomar Consciência

A conservação da água não é uma coisa com a qual somente governos, empresas e organizações ambientalistas devem se preocupar. Todo mundo precisa se envolver na conservação da água – até mesmo você. E isso é fácil. Não quer dizer viver sem água. Significa, apenas, **tomar consciência** de cada tantinho de água que nós usamos.

Conservar a água significa:
- Usá-la racionalmente, evitando seu desperdício.
- Proteger as nascentes dos rios, impedindo o desmatamento dos arredores.
- Não poluir rios, represas, lagos e oceanos.

Você também pode **tomar consciência** reduzindo a quantidade de água que utiliza. Até as ações mais simples fazem uma grande diferença. Imagine quanta água você pode economizar apenas fechando a torneira enquanto escova os dentes. Ao fechar bem as torneiras para que não fiquem pingando, você pode economizar até 10 mil litros de água por ano.

Mas **tomar consciência** não quer dizer apenas usar menos água. É, também, cuidar melhor da água que temos. Você pode proteger a água da poluição caminhando mais e usando menos o carro, o que evita que os gases do carro poluam a água na atmosfera. Limpar as margens evita que o lixo caia em rios, lagos e córregos. Plantar árvores fixa a terra, impedindo que ela seja levada pela chuva para os cursos de água, o que os tornaria barrentos.

Imagine o que aconteceria se cada um de nós tomasse uma atitude para conservar a água e proteger a Única Fonte da Terra. Essas ações se somariam e, juntas, poderiam garantir bastante água limpa hoje e no futuro.

Veja o que você pode fazer para tomar consciência:

Aprenda mais e ensine aos outros.
Ao aprender mais sobre a Única Fonte da Terra, você pode tomar decisões que conservem e protejam a água. Compartilhe o que você aprendeu. Ajude as pessoas à sua volta a **tomar consciência**.

Trabalhe em conjunto. Existem muitas organizações trabalhando para proteger a água ou auxiliando pessoas a conseguir a água de que precisam. Informe-se mais sobre as organizações que despertaram seu interesse e junte-se a elas, seja conseguindo doações, trabalhando como voluntário ou ajudando a espalhar sua mensagem. Ou comece sua própria campanha.

Evite o desperdício. Junto com a sua família, pensem em todas as formas que vocês usam água e criem soluções para reduzir o uso em casa. Algumas sugestões:

- fechar a torneira enquanto ensaboa as mãos e escova os dentes;
- fechar a torneira enquanto ensaboa a louça e só ligar a lavadora de louças quando estiver cheia;
- pedir aos adultos que consertem vazamentos na casa;
- guardar água de chuva para regar as plantas de casa e do jardim;
- regar seu jardim somente quando for necessário, e apenas de manhã cedo ou de noite, quando há menos evaporação de água.

Proteja a água. A chuva pode carregar lixo e poluição para as galerias de águas pluviais, que correm para os rios e lagos. Óleo e gasolina das ruas, fertilizantes e pesticidas dos jardins, tinta, folhas e lixo podem ir parar nas redes de água do bairro. Muitas comunidades pintam peixes ou outros símbolos perto de ralos e bueiros para lembrar às pessoas que o que passa por ali vai terminar em rios e lagos. Sua comunidade tem algum programa desse tipo? Não? Que tal você começar um?

Aumentar o acesso, um poço de cada vez

Mais e mais crianças e famílias estão começando a **tomar consciência**. Algumas, como Ryan Hreljac, estão ajudando a tornar a água mais acessível para quem precisa. Em 1998, Ryan, então com 6 anos, soube que muitas pessoas na África não tinham acesso a água limpa. Ele conseguiu levantar dinheiro suficiente para construir um poço perto de uma escola em Uganda. Mas não parou nisso. Com a ajuda de seus pais, ele criou a Ryan's Well Foundation (Fundação Poço de Ryan), que continua a levantar dinheiro para construir poços na África e instruir as pessoas sobre como conservar água.

Orientações a Pais e Professores

A Fonte em crise

Durante toda a história humana no planeta, nós dependemos da água. Ela influenciou praticamente todos os aspectos de nossa vida e subsistência. Passamos séculos aprendendo como aproveitar o incrível poder da água e nos tornamos peritos em colocá-la a nosso serviço. Mas nossa demanda por água tem crescido de forma rápida e insustentável. Em nossas casas, usamos hoje seis vezes mais água do que usávamos há 100 anos. No mesmo período, a quantidade de terra irrigada mais que dobrou, aumentando enormemente o uso de água.
O uso industrial quadruplicou desde a década de 1950. E o crescimento do consumo não é o único problema. Outras questões também ameaçam a saúde da Única Fonte da Terra.

• O aquecimento global e as mudanças climáticas afetam o tempo e os padrões de chuva em todo o mundo. Como resultado, algumas áreas enfrentam condições climáticas e temperaturas extremas, que podem ocasionar mais enchentes e secas. Ao longo do tempo, o derretimento das calotas polares e o aquecimento da água podem fazer o nível dos oceanos subir, alterando a configuração de regiões costeiras, onde muitos animais e plantas vivem.

• Muitos dos rios da Terra atravessam fronteiras internacionais, mas as nações nem sempre trabalham juntas para compartilhar esses recursos. Irrompem conflitos sobre a quem pertence a água e sobre quanto e como ela deve ser usada. A forma como essas disputas são resolvidas afeta a todos.

• Habitats em redor da Fonte também estão em crise. Metade dos pantanais da Terra foram drenados. Represas prejudicaram habitats ao longo de 35 milhões de quilômetros de rios em todo o mundo. E algumas das espécies mais ameaçadas do planeta são aquelas que dependem de habitats alagados.

• Estações de tratamento nem sempre são eficientes em evitar que substâncias nocivas entrem no ciclo da água. E se essas estações mal conseguem tratar a água que processam atualmente, como esperar que possam tratar mais, conforme cresce a demanda? Além disso, as estações de tratamento gastam uma quantidade muito grande de energia. A demanda crescente por água tratada impõe uma séria ameaça à saúde da Fonte. E expandir, substituir ou consertar estações de tratamento pode custar muito dinheiro.

Ajudando as crianças a tomar consciência

Pais e professores têm um papel importante na educação das crianças quanto à importância da conservação da água. Alimentando nelas o sentimento de responsabilidade e zelo pela Única Fonte da Terra, conseguiremos ensinar as crianças a **tomar consciência**. Alcançando essa consciência, as crianças compreenderão melhor a importância de toda água na Terra e os desafios relacionados à Fonte. Isso fará, também, com que elas desenvolvam um sentimento de compaixão e compreensão pelas necessidades das pessoas ao redor do mundo, bem como por outras espécies e seus habitats.

O mais importante é que, trabalhando com nossas crianças para conservar e proteger a água – em nossas casas, escolas, comunidades e habitats próximos –, mostramos a elas não apenas como viver de forma sustentável dentro do ciclo da água, mas também como as atitudes de cada um podem fazer diferença. Encorajar, apoiar e orientar nossas crianças a **tomar consciência** lhes dará confiança para que tomem decisões e atitudes, agora e no futuro, que protejam a Única Fonte da Terra.

O que você pode fazer?

• Informe-se sobre o assunto. Saiba mais sobre a crise que atinge a Única Fonte da Terra e faça mudanças nas suas atividades diárias de modo a conservar água.

• Converse com seus filhos sobre o valor da água. Faça-os imaginar como seria se não saísse água quando eles abrissem a torneira. Como seria viver sem sanitários ou chuveiros? Ter de andar dez, trinta minutos, até uma hora, para pegar água? De que forma eles teriam de usar a água, se isso ocorresse? O que fariam para se adaptar? Lembre-os de que, todos os dias, muitas pessoas em todo o mundo não têm água suficiente para atender às suas necessidades básicas.

• Divulgue a campanha Década Internacional Água para a Vida (2005--2015), criada pelas Nações Unidas, cujo objetivo é promover maior consciência sobre os problemas relacionados à água. Trabalhe com as crianças para conscientizá-las sobre essas questões em casa, na escola, no bairro, até mesmo em sua cidade e em seu país, por meio de atividades que abordem a conservação da água, como feiras, jornais e palestras.

• Encoraje seus familiares ou alunos a pensar criticamente sobre a água que usam e a que desperdiçam. Discutam e implementem iniciativas para a conservação de água em casa e na escola. Procure plantar, em seu jardim, espécies nativas e/ou tolerantes à seca. Armazene água da chuva em reservatórios e recicle a água utilizada na sua casa. Você também pode adaptar a instalação hidráulica da sua casa para economizar água, eliminando vazamentos e colocando sanitários com descarga econômica. Enquanto implementa essas e outras iniciativas para conservar água, converse com seus filhos sobre o que está fazendo e quais os motivos.

• Adote água. Junto com a sua família ou classe, escolha um curso de água (rio, brejo, lago) da região e pesquise sua história. Como sua água tem sido usada ao longo dos anos? Como a cidade se desenvolveu ao seu redor? O curso da água mudou (ou foi mudado)? Que problemas o afligem atualmente? Prepare um jornalzinho com suas descobertas e faça-o circular pela escola e pelo bairro. Alerte os leitores sobre a necessidade de todos trabalharmos juntos para proteger os sistemas de água locais.

Não podemos continuar agindo como se fôssemos ter água limpa para sempre e para todos, incluindo nossos filhos e netos. Há uma crise na Fonte, e a forma como lidaremos com essa crise é um dos desafios mais importantes que o mundo tem hoje a enfrentar. **Tomar consciência** nos dá o poder de proteger a Única Fonte da Terra – e o potencial de mudar o mundo.

ÍNDICE

abrigo, 15
acesso à água, 19, 20, 21, 29
África, 21, 29
agricultura, 16, 23, 24
água da chuva, 11, 23, 31
água doce, 7, 15, 16, 19, 21
   foca, 18
   lagos, 15, 18
Água para a Vida (campanha), 31
   água salgada, 14, 15
   lagos, 7, 8, 11, 15, 20, 23, 24, 28, 29
   mares, 7, 9, 15
   pântanos, 7, 14, 15, 25
água superficial, 24
Alasca, 18
algas, 14
alimento,
   cadeia alimentar, 12
   coco, 10
   lanche, 17
   leite, 17
   maçãs, 10
   peixe, 17
   plantação, 16, 22
   rede alimentar, 12
   semente, 10
   tomates, 10
América do Norte, 18, 21
animais,
   água-viva, 12
   animais selvagens, 24
   aranhas, 14
   baleia-azul,
   baleia-branca 12
   baleias, 15
   cachorros, 12
   camarões, 12
   caranguejos, 12
   serpentes marinhas, 15
   crustáceos, 14
   dinossauros, 8
   elefantes, 12
   espécies ameaçadas, 30
   foca, 18
   frangos, 22
   gado, 22
   insetos, 14, 15
   mamíferos, 14, 15
   minhocas, 12
   ovelhas, 22
   pássaros, 14
   peixes, 12, 14, 15, 17, 29
   porcos, 22
   rãs, 14,15
   répteis, 14, 15
   sapos, 12, 15

   tartarugas, 15
   zooplânctons, 12
aquecimento global, 30
aquíferos, 7, 18, 20
areia, 7, 24
Ártico, 25
Ásia,
atmosfera, 7, 9, 11, 12, 18, 19, 24, 28

bactérias, 14
beber, 13, 16, 17, 18, 20

cadeia alimentar, 12,
calotas polares, 4, 7, 19, 30
casas, 16, 17, 20, 23, 24, 29, 30
China, 21
chuva,
   chuva ácida, 25
   precipitação ácida 25
ciclo da água, 8, 11, 12, 24, 30, 31
cidades, 16, 23
clima, 30
condensação, 8
conflitos quanto à água, 30
conservação da água, 26, 28, 30, 31
   adotar água, 31
   água para beber, 13
   aprender mais, 28
   armazenar água da chuva, 18, 31
   caminhar, 28
   conservar a água, 26, 28, 29, 31
   Década Internacional, 31
   escovar os dentes, 12, 28, 29
   instruir as pessoas, 29
   lavadora de louça, 29
   limpeza de margens, 28
   Nações Unidas, 31
   plantar árvores, 28
   sanitários com descarga econômica, 31
   torneiras, 4, 20, 28, 29, 31
   trabalhar em conjunto, 29
consumo de água, 30
córregos, 15, 23, 24, 28
cursos de água, 23, 28, 31

Década Internacional, 31
digestão, 12
dióxido de carbono, 11
distribuição de água, 20
diversidade de espécies, 14, 15

Empire State, 18

encanamento, 11
energia, 11, 26, 30
escolas, 31
espécies,
   diversidade de, 14, 15
   em risco, 23
   espécies ameaçadas, 30
espécies nativas, 31
estação de tratamento de água, 25, 30
evaporação, 8, 9, 24, 29

fazendas, 16, 24
   Veja também agricultura
   gado, 22
   plantações, 16, 22
   terra irrigada, 30
fertilizantes, 24, 29
florestas tropicais 9, 14, 15
   floresta Amazônica, 8
fonte global, 4
fotossíntese, 11
fungos, 14

galerias de águas pluviais, 29
geleiras, 4, 7, 8, 19
   geleira de Bering, 18
gelo, 15
gotas de chuva, 8
gotículas de água, 8, 9
granizo, 8

habitats, 12, 14, 15, 23, 24, 30, 31
Hreljac, Ryan, 29
   Ryan's Well Foundation, 29

Índia, 4, 8, 21
indústrias, 16, 23, 24

lagos, 4, 7, 8, 11, 15, 18, 20, 23, 24, 28, 29, 31
lixo, 24, 25, 28, 29

mares, 7, 15. Veja também oceanos
mudanças climáticas, 30

Nações Unidas, 31
neve, 4, 8
   neve ácida, 25
Nova York, 18
nutrientes, 12
nuvens, 8

oceanos, 7, 8, 9, 13, 15, 30
   elevação do nível dos, 30
organismos, 5

organizações, 28, 29
   ambientalistas, 28
orvalho, 7
pântanos, 7, 14, 15, 25
pedras, 9
peixes, 12, 14, 15, 17, 29
pesticidas, 24, 29
piscina residencial, 9, 17
plantas,
   árvores, 10, 11, 28
   bétula, 10
   bromélia, 14
   células, 11
   folhas, 11, 14, 29
   fotossíntese, 11
   palmeira, 10
   plantações, 16, 22
   raízes, 11
   transpiração, 11
poças, 7, 8, 14
poluição, 24, 25, 26, 28, 29
precipitação, 8
precipitação ácida, 25

reciclagem da água, 8, 31
recifes de coral, 15
rede alimentar, 12
refinarias de petróleo, 16
reformar instalação hidráulica, 31
regar o jardim, 20, 29
represas, 23, 24, 30
respirar, 12
rios, 7, 8, 9, 15, 20, 23, 24, 28, 29, 30
   rios subterrâneos, 4, 8
rochas, 7, 18, 24
Ryan's Well Foundation, 29

sal, 9
saúde, 24, 26, 30
seca, 30, 31
sementes, 10
   coco, 10
Sibéria, 18
solo, 7, 8, 9, 10, 11

temperatura, 12, 30
tomar consciência, 28, 29, 30, 31
transpiração, 11

Uganda, 29
urina, 12
usina hidroelétrica, 16
uso de água, 30

vapor de água, 7, 8, 9, 11, 16, 24